RÉFUTATION

PAR M. LAVOCAT PÈRE,

Ancien Avoué près le Tribunal civil de la Seine,

De certains paragraphes plus ou moins calomnieux et mensongers que comporte, à son égard, une brochure tout récemment publiée par M. Bissette, ayant pour titre :

RÉPONSE AU FACTUM DE M. SCHOELCHER.

1850

RÉFUTATION

PAR M. LAVOCAT PÈRE,

Ancien Avoué près le Tribunal civil de la Seine,

De certains paragraphes plus ou moins calomnieux et mensongers que comporte, à son égard, une brochure tout récemment publiée par M. Bissette, ayant pour titre :

RÉPONSE AU FACTUM DE M. SCHOELCHER.

Semel mendax, semper mendax.

Pour se justifier, s'il est possible, d'un acte d'indélicatesse qui lui fut imputé, M. Bissette, oublieux de ses démarches et de ses écrits, a imaginé une petite histoire où il se tient constamment en dehors de la vérité.

C'est ce que M. Lavocat va établir aisément et d'une manière irréfutable.

Avant tout, M. Lavocat doit déclarer qu'il maintient l'exactitude des faits et circonstances que renferme une lettre par lui adressée, le 21 août 1848, à M. V. Schœlcher, actuellement représentant de la Guadeloupe, et que ce dernier a insérée dans un ouvrage intitulé : *La Vérité aux ouvriers et cultivateurs de la Martinique* (1).

(1) Voir cette lettre aux annexes, annexe A.

Cette lettre écrite spontanément, quoi qu'en dise M. Bissette, n'a été et n'est en réalité que le résumé fidèle des explications verbales données, en sa présence, par M. Lavocat, lorsque M. Bissette comparut devant le conseil de famille à l'état-major, place du Carrousel, et y fut entendu contradictoirement avec M. Lavocat, en avril ou en mai 1848.

Ceci posé et constaté, abordons carrément les faits, allons droit au but, en rappelant aussi brièvement que possible l'origine de cette désagréable affaire.

En juin 1832, 3 ou 4 jours après les funérailles du général Lamarque, M. Bissette vint demander à emprunter 200 fr. à M. Lavocat. Ces messieurs s'étaient connus fortuitement, quelques années auparavant, dans un dîner chez M. Isambert. Jamais cependant M. Lavocat n'avait reçu chez lui M. Bissette, et ce dernier n'avait jamais vu M. Lavocat lui rendre visite.

Lors de la démarche de M. Bissette, M. Lavocat n'avait pas d'argent disponible, mais, sous l'impression des termes pressans dans lesquels M. Bissette lui dépeignait son embarras, il *confia* à celui-ci un effet de commerce de 1,000 et quelques francs dont par hasard il était porteur. M. Lavocat dit par hasard, car il n'était ni banquier, ni escompteur, et n'a jamais eu *l'énorme portefeuille* que lui attribue M. Bissette, avec l'intention, sans doute, d'être plaisant.

Sur le montant de ce billet, échéant le 8 septembre 1832, M. Bissette, à l'ordre duquel M. Lavocat l'avait passé de confiance, devait garder, pour un délai fort court, les 200 fr. à lui accordés comme prêt, mais il avait été *formellement convenu* que M. Bissette rapporterait le reste de la somme à M. Lavocat immédiatement après la négociation du billet. Il faut ajouter que, lors de l'endossement de cet effet, M. Lavocat exigea une reconnaissance bien motivée et constatant surtout le dépôt du titre et le mandat. Le corps de cet acte fut rédigé de la main même de M. Lavocat, et M. Bissette l'a signé avec une approbation d'écriture, en toutes lettres, comme le veut la loi.

M. Bissette alla négocier le billet, mais il oublia qu'il était comptable... Il garda les fonds !

Maintenant, voyons par quels moyens M. Bissette cherche à se disculper de l'acte répréhensible dont M. Lavocat l'a accusé si amèrement autrefois.

A la page 40 de sa brochure, M. Bissette prétend établir *pièces en mains* que ce n'est pas seulemeut 200 fr. qu'il est venu réclamer de l'obligeance de M. Lavocat ; il affirme qu'il avait besoin de 800 fr., et que c'est cette somme que M. Lavocat l'avait autorisé à prendre sur l'effet qu'il lui avait remis.

Que M. Bissette ait eu *besoin* de 800 fr., c'est possible, mais que M. Lavocat les lui ait prêtés, c'est autre chose. En effet, quand il s'agit de justifier cette assertion, quel est la preuve que *tient en mains* l'emprunteur ? C'est une pièce apocryphe, un acte fantastique et ridicule. C'est un faux écrit maladroitement imaginé par M. Bissette pour le succès de son roman ; enfin, c'est un acte qui, tel qu'il est conçu, eût été radicalement nul, car il ne contient pas l'époque d'exigibilité, comme le prescrit impérieusement la loi, pour la validité des obligations. Peut-être est-ce un détail qui aurait pu échapper à M. Bissette, qui n'avait pas l'habitude des échéances; mais M. Lavocat, au courant des affaires contentieuses, ne devait pas négliger cette formalité.

Voici, au surplus, d'après M. Bissette, la teneur de ce soi-disant acte :

« Je reconnais devoir et promets de payer à M. Lavocat ou à son ordre la somme de 1,054 fr. 55 c., qu'il m'a obligeamment prêtée en un effet de cette valeur souscrit par N... à l'ordre de N... et endossé par M. Lavocat, payable à Dreux au domicile de N... »

Est-ce là, on le demande, est-ce là une pièce sérieuse ? Et, en l'admettant même comme vraie, est-elle de nature à gagner à M. Bissette l'absolution et le suffrage des honnêtes gens ?

Cependant la pièce décisive, la pièce originale que M. Bissette a signée le 7 juin 1842 doit se trouver en sa possession. Il le dit lui-même à la page 43 de son livre : « L'obligation souscrite par moi le 7 juin 1832, à l'ordre de M. Lavocat, me fut remise. » Mais M. Bissette se gardera bien de mettre cette pièce en évidence : sa production serait sa condamnation ! M. Bissette a, au contraire, le plus grand intérêt à dissimuler cet écrit, et on va voir sur-le-champ pourquoi.

C'était armé de cette pièce que M. Lavocat ne cessait de harceler M. Bissette, de le poursuivre de ses reproches les plus *énergiques*; c'était, enfin, en vertu de cette pièce compromettante, véritable épée de Damoclès, que M. Lavocat menaçait continuellement *son emprunteur* d'une plainte en police correctionnelle !!!...

M. Bissette ne niera sans doute pas que M. Lavocat ait manifesté à différentes époques des dispositions hostiles et fâcheuses à son égard? Au reste, dans une lettre qu'il a écrite le 29 août 1832, en réponse à certain billet à lui adressé *ab irato* par M. Lavocat, le 27 du même mois, M. Bissette n'a-t-il pas reconnu en toute humilité qu'il était sous l'imminence d'une action en justice?

Qu'on en juge par les passages suivans :

« J'ai l'honneur de répondre à votre lettre du 27, etc. Je *ne trouve pas mauvais les reproches que vous m'adressez*, car j'ai encore trop présent à l'esprit l'étendue du service que vous m'avez rendu pour que *la reconnaissance ne l'emporte pas sur l'amour-propre*... Le délai de quarante-huit heures que vous m'accordez pour vous couvrir est trop limité pour que je puisse éviter le désagrément de *l'action en justice dont vous me menacez*. Je laisse *à votre générosité* le soin de juger elle-même ce qu'aura de poignant pour moi d'en venir là avec vous qui m'avez obligé d'une manière si affectueuse, et plus ma position vis-à-vis de vous est *délicate* et reconnaissante en même temps, plus j'éprouve de regrets que des contrariétés indépendantes de ma volonté m'aient placé dans la *fausse position* de ne pouvoir terminer avec vous aujourd'hui même. »

Ce n'est pas tout; comme M. Lavocat, se fondant sur le Code de commerce, avait déclaré par sa lettre du 27 août 1832, qu'indépendamment d'une action en police correctionnelle, il allait former opposition au paiement du billet à ordre par lui confié à M. Bissette le 7 juin, et dont l'échéance tombait le 8 septembre (1832), M. Bissette, effrayé des conséquences de cette mesure, ajoutait encore :

« Tout ce que je puis faire serait de vous offrir un à compte d'ici avant le 8 du mois prochain... L'opposition au paiement de cet effet me causerait *un tort immense.* »

Faut-il une autre preuve de la situation fausse et déplorable dans laquelle s'était placé M. Bissette? Cette preuve la voici, tirée d'une lettre de M. Walker, écrite le 10 décembre 1832 :

« Mon cher Lavocat,

» J'ai vu Bissette, nous avons eu ensemble longue conférence. Je n'ai pu obtenir de lui la satisfaction que vous désirez, et je suis convaincu qu'il est impossible qu'il vous la donne... Dans cette position que pouvez-vous faire ? Attendre, selon moi, *car une poursuite correctionnelle*, EN PERDANT BISSETTE, *ne vous mènerait pas à votre but, qui est d'être payé*... Quant à moi ma mission est finie : elle ne pouvait être que celle d'un *médiateur*, *et lié avec les deux parties, je n'en puis accepter d'autre.*

» Signé WALKER. »

Cette lettre ne laisse aucun doute sur le sort qui, dans l'opinion de M. Walker lui-même, alors avocat à la Cour royale de Paris, attendait M. Bissette, si M. Lavocat l'avait traduit sur les bancs de la police correctionnelle; M. Bissette ÉTAIT PERDU. A la vérité, page 43 de son livre, cet homme fait de M. Walker le mandataire, l'agent de M. Lavocat, tandis que, ayant été le secrétaire de M. Isambert, M. Walker n'était que l'ami, le médiateur commun, ainsi que cela ressort des dernières lignes citées plus haut.

Et maintenant, en admettant même, ce qui est faux, comme on vient de le démontrer, en admettant que M. Lavocat ait consenti à faire à M. Bissette, ainsi qu'il le dit, un prêt de 800 fr., pourquoi donc ce dernier, après avoir prélevé cette somme sur le billet qui lui était confié, n'en a-t-il pas remis le surplus à M. Lavocat? Cet effet était de 1,000 fr. et plus; à quel titre M. Bissette a-t-il gardé les 200 et quelques francs de différence que, dans le cas supposé même, la probité l'obligeait à rendre à M. Lavocat? M. Bissette a oublié de *s'expliquer* sur ce fait. Qu'il ait indûment retenu 200 ou 800 fr., en est-il moins coupable d'un acte flagrant d'indélicatesse?

Au reste, comment M. Lavocat, dans les circonstances où l'on se trouvait alors, aurait-il mis à la disposition d'une personne étrangère la totalité d'une somme de cette importance? C'est le 7 juin 1832, au lendemain de sinistres événemens, que ce service était sollicité; l'état de siége pesait sur Paris; le crédit public n'existait plus, enfin l'argent devenait extrêmement rare; tout se réunissait donc pour que M. Lavocat, qui ne connaissait pas son emprunteur, qui ne lui portait ni ne pouvait lui porter d'autre intérêt que celui qu'inspire tout condamné politique, ne lui fît pas de but en blanc une avance de 800 fr. Un autre motif aurait retenu, d'ailleurs, M. Lavocat, c'est que le jour de l'enterrement du général Lamarque, comme il a été dit dans la lettre du 21 août 1848, publiée par M. Schœlcher, M. Bissette, rencontrant M. Lavocat sur le boulevard Mazas, lui avait demandé d'abord 10 fr. à emprunter!... Ce léger incident avait donné matière à réflexion.

Dans tous les cas, M. Lavocat atteste qu'il n'a jamais été dans l'intention de prêter à M. Bissette 800 fr., et encore moins la totalité de la somme portée au billet qu'il lui avait confié.

Une autre particularité que M. Bissette passe sous silence, et sur laquelle il devrait pourtant bien fournir quelques renseignemens, c'est l'époque où, selon lui, aurait été fixé le paiement du billet de 1,054 fr. 55 c., qu'à la pag. 42 de son libelle, il prétend avoir souscrit, le 7 juin 1832, à l'ordre de M. Lavocat.

Pourquoi M. Bissette n'indique-t-il pas cette date? Le billet était-il payable à quinze jours, un, deux ou trois mois?

A moins de laisser supposer qu'en venant emprunter, il avait conçu la pensée de ne jamais rendre ou de ne s'acquitter qu'à son aise, M. Bissette était tenu de s'expliquer à cet égard. S'il ne l'a pas fait, c'est que la base lui manquait pour accréditer un nouveau roman, c'est que sa lettre du 29 août 1832, citée plus haut, démontre jusqu'à la dernière évidence qu'il n'avait aucun terme ni délai, c'est qu'il était bien vis-à-vis de M. Lavocat dans la position précaire que les articles 1932 et 1993 du Code civil font à *tout dépositaire ou mandataire*.

Cette lettre prouve notamment que, dès avant le 29 août, M. Bissette avait été mis en demeure de restituer la totalité du billet, dont il avait indûment gardé le montant. On y trouve, en effet, ces énonciations précises qu'il importe de reproduire ici.

« Le délai de quarante-huit heures que vous m'accordez pour vous couvrir est trop limité pour que je puisse éviter le désagrément de l'*action* en justice dont vous me menacez... Tout ce que je puis faire serait de vous offrir un à-compte d'ici avant le 8 du mois prochain, échéance du billet. »

Ecrit-on de pareilles choses à un créancier quand on a terme et délai? Un débiteur ordinaire ne s'exprime jamais ainsi; il n'y a que celui qui a à redouter une poursuite criminelle qui emploie le langage de M. Bissette.

Toutefois, malgré son ressentiment, et encore bien qu'il eût entretenu M. Desclozeaux, alors substitut du procureur du roi, de son dessein de porter plainte en abus de confiance contre M. Bissette, M. Lavocat s'abstint d'en venir à cette extrémité ; il r ait surtout devant les conséquences fâcheuses d'un tel écla pour les hommes de couleur dont M. Bissette se trouvait à cette époque le mandataire à Paris. Il était ainsi irrésolu, lorsque M. Walker lui adressa, le 20 décembre 1832, le mot suivant :

« Mon cher Lavocat,

» Bissette est venu me voir ; je suis chargé de vous faire des propositions d'arrangement. Donnez-vous la peine de passer chez moi dans la journée de dimanche ; nous causerons.

» Signé WALKER,

» Rue de Furstemberg, 8. »

C'est à la suite de l'entretien qui eut lieu entre M. Lavocat et M. Walker que ce dernier, dans son cabinet, mais en l'absence de M. Lavocat, a, le 27 décembre 1832, fait souscrire à M. Bissette des traites pour remplir M. Lavocat du montant de l'effet qu'il avait eu l'imprudence de lui confier le 7 juin de la même année.

Voici cependant ce que M. Bissette a osé imprimer en travestissant à la fois et le fait matériel émané de lui-même et le concours si cordial et si désintéressé de l'honorable M. Walker, actuellement l'un des membres les plus estimés de la compagnie des agréés au tribunal de commerce de Paris.

On lit à la page 43 de sa brochure :

« Plus tard, M. Lavocat ayant remis à M. Walker l'obligation qu'il m'avait fait souscrire en échange de l'effet de 1,054 fr. 55 c. obligeamment prêté, M. Walker, son mandataire, me fit signer des traites pour 814 fr. 55 c. Contre des lettres de change d'une part, et de l'autre 240 fr. argent que je remis en même temps à M. Walker, l'*obligation souscrite par moi, le 7 juin, à l'ordre de M. Lavocat, me fut remise.* »

C'est ici l'occasion de s'écrier : *Mentiris impudentissime !* et vous êtes pris en flagrant délit de calomnie et d'imposture, monsieur le représentant de la Martinique ! !

Vous mentez, M. Bissette, quand vous dites que vous n'avez souscrit de traites que pour 814 fr. 55 c.

Vous calomniez quand vous dites que, lors de la confection de ces traites, et en même temps que vous les souscriviez, vous avez remis à M. Walker 240 fr. argent pour les donner à M. Lavocat.

Voici la vérité : M. Lavocat va l'établir *pièces en mains*; en cela, il aura incontestablement l'avantage sur M. Bissette, qui n'a rien pu prouver, quoiqu'il ait annoncé, page 40 de son livre, qu'il allait *tout établir* et *justifier pièces en mains*.

M. Bissette a accepté et signé des traites, non pour 814 fr. 55 c., mais bien pour 1,054 fr. 55 c., ainsi qu'on peut le voir par les copies textuelles ci-jointes :

Par cette seule de change, et au huit février prochain, je paierai à monsieur Lavocat, rue Royale-Saint-Antoine, 18, ou à son ordre, la somme de trois cent dix-sept francs, valeur reçue en espèces.

Paris, le 27 décembre 1832.

Approuvé l'écriture ci-dessus, et accepté pour la somme de 317 fr., payable au domicile de M. Walker, avocat, rue Furstemberg, 8 bis.

Signé BISSETTE,
Rue du Mail, 14.

Par cette seule de change, et au huit mars prochain, je paierai à monsieur Lavocat, rue Royale-Saint-Antoine, 18, la somme de trois cent trois francs cinquante centimes, valeur reçue en espèces.

Paris, le 27 décembre 1832.

Approuvé l'écriture ci-dessus, et accepté pour la somme de 303 fr. 50 c., payable au domicile de M. Walker, avocat, rue Furstemberg, 8 bis.

Signé BISSETTE,
Rue du Mail, 14.

Par cette seule de change, je paierai, au huit avril prochain, à monsieur Lavocat, rue Royale-Saint-Antoine, 18, la somme de quatre cent trente-quatre francs cinq centimes, valeur reçue en espèces.

Paris, le 27 décembre 1832.

Approuvé l'écriture ci-dessus, et accepté pour la somme de 434 fr. 5 c., payable au domicile de M. Walker, avocat, rue Furstemberg, 8 bis.

Signé BISSETTE,
Rue du Mail, 14.

Voilà donc M. Bissette convaincu, d'après sa propre signature, d'avancer un fait matériellement faux!

Quant aux 240 fr. argent qu'il prétend avoir donnés à M. Walker, le 27 décembre 1832, pour le compte de M. Lavocat, c'est une nouvelle et pitoyable imposture! Comment admettre que M. Bissette ait versé cette somme le 27 décembre, lui qui venait, à l'instant même, de régler son compte par 1,054 fr. 55 c. de traites et qui, en définitive, ne devait rien de plus? Est-ce que M. Bissette, qui ne payait pas alors ce qu'il devait légitimement, pourra jamais faire croire qu'il a donné à M. Lavocat, tant en traites qu'en argent, 1,294 fr 55 c.?

Dans la réalité, ce versement de 240 fr. n'a été opéré chez M. Walker, au domicile de qui les traites étaient payables, que depuis la souscription des traites.

A cet égard les souvenirs de M. Walker ont été consultés, et, on doit le dire, en lisant les divers paragraphes du livre de M. Bissette qui ont trait à M. Lavocat et notamment à l'arrangement du 27 décembre 1832, M. Walker n'a pu s'empêcher de hausser les épaules d'indignation et de pitié!

Quoi qu'il en soit, à leur échéance les traites ne furent pas acquittées, et, en 1833, six mois après l'exigibilité de la dernière, M. Walker écrivait à M. Lavocat.

« Paris, le 19 septembre 1833.

» Mon cher Lavocat,

» J'avais écrit à Bissette, ainsi que je vous l'avais promis, et i m'avait répondu que le 10 de ce mois il vous satisferait, mais il n'en a rien été : en conséquence, faites ce que vous voudrez, je ne me mêle plus de rien, puisque je vois que mes efforts sont impuissans, et je me *lave les mains de ce qui arrivera.*

» Signé WALKER. »

Croyant atténuer ses torts, M. Bissette insinue à la page

46 de son libelle que l'on aurait *perfidement donné* à penser au public qu'il avait été originairement question dans toute cette affaire d'un billet de banque de 1,000 fr. et non d'un effet de commerce. Puis, il ajoute que *M. Lavocat n'a pas soutenu cette calomnie!*

En face d'aussi étranges assertions, M. Lavocat n'éprouve que le sentiment du mépris ; il n'a jamais parlé de billet de banque à qui que ce soit au monde, il n'a donc pas eu à se rétracter. Le mensonge et la calomnie peuvent être les armes de certains individus, mais elles n'ont jamais été celles de l'homme qui écrit ces lignes (1).

Il en est de même de toutes les autres inventions de M. Bissette touchant les bons rapports qui n'auraient pas cessé d'exister entre lui et M. Lavocat. En tout cas, de quelle manière M. Bissette a-t-il payé la *générosité* de son créancier ? Il est nécessaire qu'on le sache.

Rusant la loi pour frustrer ceux à qui il devait, M. Bissette, qui n'a jamais fait aucun commerce, aucun négoce, qui n'a jamais exercé aucune *industrie sujette à patente*, vint un jour surprendre la religion des magistrats consulaires, et, dans une requête où il prit faussement la qualité de négociant, il se fit déclarer en faillite par jugement du tribunal de commerce de la Seine, en date du 21 mars 1837.

Dans le bilan déposé par M Bissette et qui l'établit en débet de plus de 20,000 fr., la créance de M. Lavocat figure pour 850 fr. On y trouve aussi une somme de 1,500 fr. pour gages soi disant dus à des serviteurs ou domestiques!!!

Voilà de quelle façon M. Bissette s'est comporté avec M. Lavocat, et comment il est parvenu à se mettre, pen-

(1) En tous cas, est-ce que l'emprunteur de M. Lavocat regarderait celui qui dispose à son profit d'un billet qui lui est confié comme moins coupable que celui qui s'approprie un billet de banque? C'est un cas de conscience sur lequel l'apôtre de la Martinique ne me paraît pas professer des doctrines bien orthodoxes ! (*Note de M. Perrinon.*)

dant plus de douze ans, à l'abri de toutes réclamations et de toutes poursuites judiciaires.

Maintenant, veut-on être édifié sur la nature des prétendues relations entretenues entre M. Bissette et M. Lavocat, et sur lesquelles l'emprunteur cherche à bâtir on ne sait quel système de défense? Qu'on lise l'extrait suivant d'une lettre apportée à M. Lavocat par M. Bissette fils :

« Paris, 21 septembre 1833.

» Monsieur,

»..... *Je n'ai pas osé me présenter moi-même chez vous*, parce que je sais que vous êtes irrité contre moi; mais j'espère bientôt *dissiper cette mauvaise humeur;* je puis vous assurer que vous ne perdrez pas un sou de ce que je vous dois et *que je tiendrai compte des intérêts* qui se trouvent en plus de ceux que j'ai réglés déjà dans les billets remis à M. Walker, etc.....

» Signé Bissette.

» 26, rue Neuve Saint-Eustache. »

Assurément, cette lettre est loin d'établir qu'il existât en ce temps-là d'agréables rapports entre M. Lavocat et M. Bissette; elle donne au contraire au premier la conviction profonde que la narration contenue dans les pages 43 et 44 de la *Réponse* n'est qu'une fable imaginée à plaisir pour accréditer le récit dont on ne sait quelle entrevue mystérieuse entre M. Lavocat et M. Bissette, racontée par celui-ci, et pour appuyer, par ce moyen, l'effet que l'on espère de la lettre de M. Lavocat fils, qui, suivant M. Bissette, serait comme le corollaire de ce touchant et poétique épisode.

Remarquons cependant, au sujet de cette dernière lettre, que M. Bissette n'en indique pas la date, bien que la chose soit utile à connaître. On va suppléer à cette lacune. Cette lettre a été écrite longtemps après la déclaration de faillite de M. Bissette, en des temps où celui-ci était inattaquable et judiciairement insolvable. Dans ces circonstances on comprend que la lettre de M. Lavocat fils, alors principal clerc chez son père, n'ait pas été, ainsi, que le constate triomphalement M. Bissette, ni *désobligeante* ni *accusatrice* ; elle était conçue dans les termes qu'on emploie toujours avec les débiteurs de mauvaise foi, qui n'ont rien au soleil, qui se cachent et font vie joyeuse en se moquant de leurs créanciers. En pareille occurrence, se fâcher et lancer une lettre dure et menaçante eût été perdre son temps.

Nonobstant ces précautions oratoires, et bien que M. Bissette eût de l'argent à cette époque, puisqu'il avait payé d'assez fortes sommes à un huissier de la rue du Gros-Chenet, ce qui avait déterminé M. Lavocat fils à lui écrire, il ne répondit même pas à la lettre qui lui annonçait qu'on se contenterait d'*un faible à-compte de 50 francs* !

Enfin survint un événement qui devait changer la position de M. Bissette. La révolution de février éclata, et les électeurs de la Martinique l'envoyèrent à l'Assemblée nationale. Malheureusement ils ignoraient l'état de faillite dans lequel se trouvait leur élu, M. Bissette avait négligé de leur en rendre compte, et l'élection fut annulée pour cause d'*incapacité*.

Cet échec n'était pas de nature à décourager M. Bissette, et il chercha à se soustraire aux effets du jugement du Tribunal de commerce de la Seine, qui, cette fois, au lieu de lui être utile, était une entrave.

Il y parvint ainsi :

Un M. Lhomayer, inspecteur des prisons, se disant le créancier *sérieux* et *légitime* du candidat failli, mais dont le titre n'est point énoncé dans les pièces du greffe au palais de la Bourse, devint le champion d'un *ami malheureux*. Par suite d'une opposition au jugement de déclaration de faillite du 21 mars 1837, formée le 7 avril 1849 par ce bienveillant M. Lhomayer, le jugement fut cassé, et M. Bissette, relevé de sa faillite, devint éligible. Le tour était joué !

Ce qui n'est pas moins curieux, c'est que l'opposition se fondait sur ce que M. Bissette s'était *mal à propos* qualifié de commerçant dans sa demande de mise en faillite. Il fut démontré qu'effectivement M. Bissette n'avait jamais été négociant, et qu'il avait *induit en erreur* le Tribunal en invoquant le bénéfice de la faillite en cette qualité.

Depuis sa réhabilitation, M. Bissette s'étant rendu aux Antilles, et y ayant, à ce qu'il paraît, fait un voyage assez fructueux, avait envoyé de là des fonds à M. Durand, commissionnaire à Paris, pour payer en tout ou partie ses créanciers. Celui-ci, dans le courant de l'été 1849, invita M. Lavocat à passer chez lui, et, au nom et comme mandataire de M. Bissette, lui offrit une somme de 1,000 fr. M. Lavocat objecta d'abord qu'il lui était dû en principal 814 fr. 55 c. et seize années d'intérêt, mais le mandataire de M. Bissette ayant répondu qu'aux termes de la loi on ne pouvait exiger que cinq années d'intérêt, qu'au surplus il n'avait mission que de remettre 1,000 fr., M. Lavocat, peu soucieux d'engager un procès à l'occasion d'une créance désespérée, se détermina à recevoir. Il donna même une quittance définitive, après toutefois qu'il fût convenu *d'honneur* entre lui et M. Durand que celui-ci écrirait à M. Bissette que M. Lavocat s'était réservé d'en appeler à sa *délicatesse* pour les interêts dus au-delà des cinq ans. De son côté, M. Lavocat écrivit pour cet objet à M. Bissette, à Saint-Pierre (Martinique).

Ces deux lettres sont parvenues à leur destination. Néanmoins M. Bissette, qui, comme on l'a vu plus haut, sait tirer parti de la légalité, paraît vouloir user des bénéfices que la loi lui accorde, malgré les 100 ou 150,000 fr. qu'il vient d'obtenir de la reconnaissance martiniquaise. C'est son droit ; qu'il jouisse de son avantage! Mais, tout en faisant son deuil des intérêts, qui, *en conscience*, lui restent dus, M. Lavocat ne saurait passer sous silence les engagemens positifs pris par M. Bissette à ce sujet. Dans une lettre du 21 septembre 1833, dont un extrait a été cité précédemment, M. Bissette disait à M. Lavocat :

« Vous ne perdrez pas un sou de ce que je vous dois, et *je vous tiendrai compte des intérêts qui se trouvent en plus de ceux que j'ai réglés déjà dans les billets remis à M. Walker.* »

Vingt mois après, c'est-à-dire le 2 mai 1835, il répétait encore :

« Dans quelques jours j'aurai l'avantage de vous *exprimer* de vive voix l'*expression* de ma reconnaissance pour le service que vous m'avez rendu, et *je m'acquitterai intégralement avec les intérêts.* »

D'un autre côté, M. Lavocat rappellera à M. Bissette que, lors de leur comparution simultanée devant le conseil de famille de l'artillerie, il a déclaré que M. Lavocat ne perdrait absolument rien, et qu'il lui paierait le *prinpal et tous les intérêts* jusqu'au jour de sa parfaite libération.

Il est vrai que, l'esprit en proie à certain doute bien naturel de la part d'un créancier leurré pendant 16 ans, M. Lavocat répondit avec quelque ironie à son emprunteur d'autrefois : « Vous parlez comme Figaro : vous aimez mieux ne pas payer votre dette que de la nier un seul instant ! »

M. Lavocat eut tort, sans doute, puisqu'un beau jour M. Bissette a bien voulu lui faire payer le capital de sa dette, plus 5 années d'intérêts, et, qu'en définitive, lui, M. Lavocat, ne perd 11 années de ces mêmes intérêts que par la faute de la loi, derrière laquelle se retranche la *conscience* de M. Bissette ! *Dura lex, sed lex !*

Après les faits nombreux et matériels ci-dessus analysés ; en présence des lettres que l'on vient de produire, M. Lavocat n'a plus qu'à s'écrier, comme l'a fait avec une superbe solennité son étrange adversaire :

« *L'opinion publique prononcera entre M. Lavocat et M. Bissette.* »

Oui, l'opinion publique décidera de quel côté est la vérité ou le mensonge ! Mais ce jugement, M. Lavocat ne le redoute pas ; car il ne peut condamner celui que M. Bissette n'a pas craint de taxer d'imposteur, après avoir spéculé sur sa confiante loyauté.

D'ailleurs, aujourd'hui, M. Bissette n'a pas seulement l'incroyable audace d'attaquer l'honorabilité du caractère de M. Lavocat, il le fait insulter dans certains journaux des Antilles qui sont à sa dévotion. Le *Courrier de la Martinique*, dont M. Auguste de Maynard est le rédacteur-gérant, dans son numéro du 21 février 1850, en répondant à une lettre de M. Perrinon, s'est permis d'appliquer à M. Lavocat l'épithète de *misérable*, il a même osé l'accuser « de venir, pour quelques francs, porter son contingent à l'entreprise de la perte de M. Bissette. » Et précisément ce M. A. de Maynard, l'auteur de cet indigne article, est aussi, et depuis 1843, débiteur d'une assez forte somme envers M. Lavocat, qui, malgré ses réclamations et ses poursuites, n'a encore rien pu obtenir de sa créance !

O tempora ! o mores !

Un mot encore.

A la page 47 de son ouvrage, M. Bissette, on ne sait d'après qui, rend compte d'un épisode qui se serait passé chez M. Isambert, et au sujet de cet épisode il impute à M. Lavocat « un mensonge qu'il n'aurait pas soutenu, » La réponse est bien simple : rien de relatif à cet incident n'a été énoncé dans la lettre écrite le 21 août 1848 par M. Lavocat à M. Schœlcher. Pour s'en convaincre il suffit de relire cette lettre.

Le simple bon sens se refuse à croire, au surplus, qu'au sein d'une famille honorable où M. Bissette s'était présenté comme lui, sur une invitation, M. Lavocat se soit oublié au point de causer du scandale dans un salon en présence des maîtres de la maison. Que M. Bissette fouille dans ses souvenirs, et ils lui diront dans quelle pièce de l'appartement de M. Isambert, rue Neuve-Saint-Augustin, en décembre 1832, fut donnée la petite mercuriale à laquelle on a pu faire allusion, et qui n'est probablement pas sans rapport avec la proposition d'arrangement que M. Bissette fit à M. Lavocat par l'intermédiaire de M. Walker, vers la même époque, ainsi que le constate la lettre de celui-ci citée à la page 60.

Certes, il en a coûté beaucoup à M. Lavocat d'en venir à de semblables explications et d'entrer dans de pareils détails ; mais il ne devait pas reculer devant les assertions inqualifiables dont il a été l'objet. L'attaque exigeait la défense. Non, M. Lavocat ne pouvait pas laisser passer sans les relever les faits allégués par M. Bissette ; il fallait qu'il fît justice de suppositions offensantes et de nature à porter atteinte à sa réputation.

On le répète ici bien haut, afin que M. Bissette et ses amis ne l'oublient pas : M. Lavocat n'a jamais été l'instrument des vengeances ni des haines de qui que ce soit au monde. Ainsi, M. Bissette, dans son ingratitude pour son *généreux créancier*, l'a calomnié en l'accusant, à la page 54 de son libelle, de s'être *laissé pousser* par M. Schœlcher ; il l'a calomnié en prétendant (page 45) que dans sa lettre du 21 août 1848, M. Lavocat *s'était prêté à dire le contraire de la vérité ;* il l'a calomnié encore en avançant (page 46) que *l'affirmation* de M. Lavocat *avait été sollicitée par MM. Schœlcher et Perrinon.*

Mais, en définitive, quelle confiance peut inspirer M. Bissette aujourd'hui ? Que l'on se reporte aux diverses phases de sa conduite envers M. Lavocat depuis 1832, on verra qu'il a continuellement suivi une ligne tortueuse et commis des actes plus ou moins répréhensibles.

En effet, que M. Bissette discute tant qu'il voudra sur le chiffre de la somme qu'il devait remettre à M. Lavocat après la négociation du billet que celui-ci lui avait *confié*, il n'en reste pas moins établi qu'il en a gardé la totalité ; que plus tard, pour éviter une poursuite correctionnelle, il a souscrit des traites qui sont restées en souffrance pendant *seize ans;* que, pour échapper à ses nombreux créanciers, il a *emprunté* le titre respectable de commerçant, à l'aide duquel il obtint subrepticement le jugement de mise en faillite qui lui a permis de se moquer impunément douze années des engagemens qu'il avait contractés; qu'enfin, malgré la promesse vingt fois renouvelée de ne rien faire perdre à M. Lavocat, il s'est retranché derrière la loi pour ne payer que cinq années d'intérêts.

Maintenant, que M. Bissette proteste contre la manière dont on a qualifié son mode *d'emprunt*, tous ces faits n'en subsistent pas moins. *Si sa conscience est tranquille*, comme il le dit, et *qu'elle ne lui reproche rien*, cela prouve tout simplement qu'en 1850 elle n'est pas plus scrupuleuse qu'en 1832!

Ab uno, disce omnes

Signé LAVOCAT.

Paris, imprimerie de E. BRIÈRE, rue Sainte-Anne, 55.

www.ingramcontent.com/pod-product-compliance
Ingram Content Group UK Ltd.
Pitfield, Milton Keynes, MK11 3LW, UK
UKHW032039260826
14628UKWH00007B/3062

9 782011 793041